I0003119

Website: _____
Username: _____
Password: _____
Notes: _____
_____
_____
_____

Website: _____
Username: _____
Password: _____
Notes: _____
_____
_____
_____

Website: _____
Username: _____
Password: _____
Notes: _____
_____
_____
_____

Website: _____
Username: _____
Password: _____
Notes: _____
_____
_____
_____

Website: _____
Username: _____
Password: _____
Notes: _____
_____
_____

Website: _____
Username: _____
Password: _____
Notes: _____
_____
_____

Website: _____
Username: _____
Password: _____
Notes: _____
_____
_____

Website: _____
Username: _____
Password: _____
Notes: _____
_____
_____

Website: _____
Username: _____
Password: _____
Notes: _____
_____
_____
_____

Website: _____
Username: _____
Password: _____
Notes: _____
_____
_____
_____

Website: _____
Username: _____
Password: _____
Notes: _____
_____
_____
_____

Website: _____
Username: _____
Password: _____
Notes: _____
_____
_____
_____

Website: _____
Username: _____
Password: _____
Notes: _____
_____
_____
_____

Website: _____
Username: _____
Password: _____
Notes: _____
_____
_____
_____

Website: _____
Username: _____
Password: _____
Notes: _____
_____
_____
_____

Website: _____
Username: _____
Password: _____
Notes: _____
_____
_____
_____

Website: _____
Username: _____
Password: _____
Notes: _____
_____
_____
_____

Website: _____
Username: _____
Password: _____
Notes: _____
_____
_____
_____

Website: _____
Username: _____
Password: _____
Notes: _____
_____
_____
_____

Website: _____
Username: _____
Password: _____
Notes: _____
_____
_____
_____

Website: _____
Username: _____
Password: _____
Notes: _____
_____
_____
_____

Website: _____
Username: _____
Password: _____
Notes: _____
_____
_____
_____

Website: _____
Username: _____
Password: _____
Notes: _____
_____
_____
_____

Website: _____
Username: _____
Password: _____
Notes: _____
_____
_____
_____

Website: _____
Username: _____
Password: _____
Notes: _____
_____
_____
_____

Website: _____
Username: _____
Password: _____
Notes: _____
_____
_____
_____

Website: _____
Username: _____
Password: _____
Notes: _____
_____
_____
_____

Website: _____
Username: _____
Password: _____
Notes: _____
_____
_____
_____

Website: _____
Username: _____
Password: _____
Notes: _____
_____
_____

Website: _____
Username: _____
Password: _____
Notes: _____
_____
_____

Website: _____
Username: _____
Password: _____
Notes: _____
_____
_____

Website: _____
Username: _____
Password: _____
Notes: _____
_____
_____

Website: _____
Username: _____
Password: _____
Notes: _____
_____
_____
_____

Website: _____
Username: _____
Password: _____
Notes: _____
_____
_____
_____

Website: _____
Username: _____
Password: _____
Notes: _____
_____
_____
_____

Website: _____
Username: _____
Password: _____
Notes: _____
_____
_____
_____

Website: _____
Username: _____
Password: _____
Notes: _____
_____
_____
_____

Website: _____
Username: _____
Password: _____
Notes: _____
_____
_____
_____

Website: _____
Username: _____
Password: _____
Notes: _____
_____
_____
_____

Website: _____
Username: _____
Password: _____
Notes: _____
_____
_____
_____

Website: _____
Username: _____
Password: _____
Notes: _____
_____
_____
_____

Website: _____
Username: _____
Password: _____
Notes: _____
_____
_____
_____

Website: _____
Username: _____
Password: _____
Notes: _____
_____
_____
_____

Website: _____
Username: _____
Password: _____
Notes: _____
_____
_____
_____

Website: _____
Username: _____
Password: _____
Notes: _____
_____
_____
_____

Website: _____
Username: _____
Password: _____
Notes: _____
_____
_____
_____

Website: _____
Username: _____
Password: _____
Notes: _____
_____
_____
_____

Website: _____
Username: _____
Password: _____
Notes: _____
_____
_____
_____

Website: _____
Username: _____
Password: _____
Notes: _____
_____
_____
_____

Website: _____
Username: _____
Password: _____
Notes: _____
_____
_____
_____

Website: _____
Username: _____
Password: _____
Notes: _____
_____
_____
_____

Website: _____
Username: _____
Password: _____
Notes: _____
_____
_____
_____

Website: _____

Username: _____

Password: _____

Notes: _____

_____

_____

_____

Website: _____

Username: _____

Password: _____

Notes: _____

_____

_____

_____

Website: _____

Username: _____

Password: _____

Notes: _____

_____

_____

_____

Website: _____

Username: _____

Password: _____

Notes: _____

_____

_____

_____

Website: _____
Username: _____
Password: _____
Notes: _____
_____
_____
_____

Website: _____
Username: _____
Password: _____
Notes: _____
_____
_____
_____

Website: _____
Username: _____
Password: _____
Notes: _____
_____
_____
_____

Website: _____
Username: _____
Password: _____
Notes: _____
_____
_____
_____

Website: _____
Username: _____
Password: _____
Notes: _____
_____
_____
_____

Website: _____
Username: _____
Password: _____
Notes: _____
_____
_____
_____

Website: _____
Username: _____
Password: _____
Notes: _____
_____
_____
_____

Website: _____
Username: _____
Password: _____
Notes: _____
_____
_____
_____

Website: _____

Username: _____

Password: _____

Notes: _____

_____

_____

_____

Website: _____

Username: _____

Password: _____

Notes: _____

_____

_____

_____

Website: _____

Username: _____

Password: _____

Notes: _____

_____

_____

_____

Website: _____

Username: _____

Password: _____

Notes: _____

_____

_____

_____

Website: _____

Username: _____

Password: _____

Notes: _____

_____

_____

_____

Website: _____

Username: _____

Password: _____

Notes: _____

_____

_____

_____

Website: _____

Username: _____

Password: _____

Notes: _____

_____

_____

_____

Website: _____

Username: _____

Password: _____

Notes: _____

_____

_____

_____

Website: _____
Username: _____
Password: _____
Notes: _____
_____
_____
_____

Website: _____
Username: _____
Password: _____
Notes: _____
_____
_____
_____

Website: _____
Username: _____
Password: _____
Notes: _____
_____
_____
_____

Website: _____
Username: _____
Password: _____
Notes: _____
_____
_____
_____

Website: _____
Username: _____
Password: _____
Notes: _____
_____
_____
_____

Website: _____
Username: _____
Password: _____
Notes: _____
_____
_____
_____

Website: _____
Username: _____
Password: _____
Notes: _____
_____
_____
_____

Website: _____
Username: _____
Password: _____
Notes: _____
_____
_____
_____

Website: _____
Username: _____
Password: _____
Notes: _____
_____
_____
_____

Website: _____
Username: _____
Password: _____
Notes: _____
_____
_____
_____

Website: _____
Username: _____
Password: _____
Notes: _____
_____
_____
_____

Website: _____
Username: _____
Password: _____
Notes: _____
_____
_____
_____

Website: _____
Username: _____
Password: _____
Notes: _____
_____
_____
_____

Website: _____
Username: _____
Password: _____
Notes: _____
_____
_____
_____

Website: _____
Username: _____
Password: _____
Notes: _____
_____
_____
_____

Website: _____
Username: _____
Password: _____
Notes: _____
_____
_____
_____

Website: _____

Username: _____

Password: _____

Notes: _____

_____

_____

_____

Website: _____

Username: _____

Password: _____

Notes: _____

_____

_____

_____

Website: _____

Username: _____

Password: _____

Notes: _____

_____

_____

_____

Website: _____

Username: _____

Password: _____

Notes: _____

_____

_____

_____

Website: _____
Username: _____
Password: _____
Notes: _____
_____
_____
_____

Website: _____
Username: _____
Password: _____
Notes: _____
_____
_____
_____

Website: _____
Username: _____
Password: _____
Notes: _____
_____
_____
_____

Website: _____
Username: _____
Password: _____
Notes: _____
_____
_____
_____

Website: _____
Username: _____
Password: _____
Notes: _____
_____
_____
_____

Website: _____
Username: _____
Password: _____
Notes: _____
_____
_____
_____

Website: _____
Username: _____
Password: _____
Notes: _____
_____
_____
_____

Website: _____
Username: _____
Password: _____
Notes: _____
_____
_____
_____

Website: _____
Username: _____
Password: _____
Notes: _____
_____
_____
_____

Website: _____
Username: _____
Password: _____
Notes: _____
_____
_____
_____

Website: _____
Username: _____
Password: _____
Notes: _____
_____
_____
_____

Website: _____
Username: _____
Password: _____
Notes: _____
_____
_____
_____

Website: _____

Username: _____

Password: _____

Notes: _____

_____

_____

Website: _____

Username: _____

Password: _____

Notes: _____

_____

_____

Website: _____

Username: _____

Password: _____

Notes: _____

_____

_____

Website: _____

Username: _____

Password: _____

Notes: _____

_____

_____

Website: _____
Username: _____
Password: _____
Notes: _____
_____
_____
_____

Website: _____
Username: _____
Password: _____
Notes: _____
_____
_____
_____

Website: _____
Username: _____
Password: _____
Notes: _____
_____
_____
_____

Website: _____
Username: _____
Password: _____
Notes: _____
_____
_____
_____

Website: _____
Username: _____
Password: _____
Notes: _____
_____
_____

Website: _____
Username: _____
Password: _____
Notes: _____
_____
_____

Website: _____
Username: _____
Password: _____
Notes: _____
_____
_____

Website: _____
Username: _____
Password: _____
Notes: _____
_____
_____

Website: _____
Username: _____
Password: _____
Notes: _____
_____
_____
_____

Website: _____
Username: _____
Password: _____
Notes: _____
_____
_____
_____

Website: _____
Username: _____
Password: _____
Notes: _____
_____
_____
_____

Website: _____
Username: _____
Password: _____
Notes: _____
_____
_____
_____

Website: _____
Username: _____
Password: _____
Notes: _____
_____
_____
_____

Website: _____
Username: _____
Password: _____
Notes: _____
_____
_____
_____

Website: _____
Username: _____
Password: _____
Notes: _____
_____
_____
_____

Website: _____
Username: _____
Password: _____
Notes: _____
_____
_____
_____

Website: _____
Username: _____
Password: _____
Notes: _____
_____
_____
_____

Website: _____
Username: _____
Password: _____
Notes: _____
_____
_____
_____

Website: _____
Username: _____
Password: _____
Notes: _____
_____
_____
_____

Website: _____
Username: _____
Password: _____
Notes: _____
_____
_____
_____

Website: _____
Username: _____
Password: _____
Notes: _____
_____
_____
_____

Website: _____
Username: _____
Password: _____
Notes: _____
_____
_____
_____

Website: _____
Username: _____
Password: _____
Notes: _____
_____
_____
_____

Website: _____
Username: _____
Password: _____
Notes: _____
_____
_____
_____

Website: _____
Username: _____
Password: _____
Notes: _____
_____
_____
_____

Website: _____
Username: _____
Password: _____
Notes: _____
_____
_____
_____

Website: _____
Username: _____
Password: _____
Notes: _____
_____
_____
_____

Website: _____
Username: _____
Password: _____
Notes: _____
_____
_____
_____

Website: _____

Username: _____

Password: _____

Notes: _____

_____

_____

_____

Website: _____

Username: _____

Password: _____

Notes: _____

_____

_____

_____

Website: _____

Username: _____

Password: _____

Notes: _____

_____

_____

_____

Website: _____

Username: _____

Password: _____

Notes: _____

_____

_____

_____

Website: _____
Username: _____
Password: _____
Notes: _____
_____
_____
_____

Website: _____
Username: _____
Password: _____
Notes: _____
_____
_____
_____

Website: _____
Username: _____
Password: _____
Notes: _____
_____
_____
_____

Website: _____
Username: _____
Password: _____
Notes: _____
_____
_____
_____

Website: _____
Username: _____
Password: _____
Notes: _____
_____
_____
_____

Website: _____
Username: _____
Password: _____
Notes: _____
_____
_____
_____

Website: _____
Username: _____
Password: _____
Notes: _____
_____
_____
_____

Website: _____
Username: _____
Password: _____
Notes: _____
_____
_____
_____

Website: _____

Username: _____

Password: _____

Notes: _____

_____

_____

_____

Website: _____

Username: _____

Password: _____

Notes: _____

_____

_____

_____

Website: _____

Username: _____

Password: _____

Notes: _____

_____

_____

_____

Website: _____

Username: _____

Password: _____

Notes: _____

_____

_____

_____

Website: _____

Username: _____

Password: _____

Notes: _____

_____

_____

Website: _____

Username: _____

Password: _____

Notes: _____

_____

_____

Website: _____

Username: _____

Password: _____

Notes: _____

_____

_____

Website: _____

Username: _____

Password: _____

Notes: _____

_____

_____

Website: _____
Username: _____
Password: _____
Notes: _____
_____
_____
_____

Website: _____
Username: _____
Password: _____
Notes: _____
_____
_____
_____

Website: _____
Username: _____
Password: _____
Notes: _____
_____
_____
_____

Website: _____
Username: _____
Password: _____
Notes: _____
_____
_____
_____

Website: _____
Username: _____
Password: _____
Notes: _____
_____
_____
_____

Website: _____
Username: _____
Password: _____
Notes: _____
_____
_____
_____

Website: _____
Username: _____
Password: _____
Notes: _____
_____
_____
_____

Website: _____
Username: _____
Password: _____
Notes: _____
_____
_____
_____

Website: _____
Username: _____
Password: _____
Notes: _____
_____
_____
_____

Website: _____
Username: _____
Password: _____
Notes: _____
_____
_____
_____

Website: _____
Username: _____
Password: _____
Notes: _____
_____
_____
_____

Website: _____
Username: _____
Password: _____
Notes: _____
_____
_____
_____

Website: _____
Username: _____
Password: _____
Notes: _____
_____
_____
_____

Website: _____
Username: _____
Password: _____
Notes: _____
_____
_____
_____

Website: _____
Username: _____
Password: _____
Notes: _____
_____
_____
_____

Website: _____
Username: _____
Password: _____
Notes: _____
_____
_____
_____

Website: _____
Username: _____
Password: _____
Notes: _____
_____
_____
_____

Website: _____
Username: _____
Password: _____
Notes: _____
_____
_____
_____

Website: _____
Username: _____
Password: _____
Notes: _____
_____
_____
_____

Website: _____
Username: _____
Password: _____
Notes: _____
_____
_____
_____

Website: _____

Username: _____

Password: _____

Notes: _____

_____

_____

Website: _____

Username: _____

Password: _____

Notes: _____

_____

_____

Website: _____

Username: _____

Password: _____

Notes: _____

_____

_____

Website: _____

Username: _____

Password: _____

Notes: _____

_____

_____

Website: _____
Username: _____
Password: _____
Notes: _____
_____
_____
_____

Website: _____
Username: _____
Password: _____
Notes: _____
_____
_____
_____

Website: _____
Username: _____
Password: _____
Notes: _____
_____
_____
_____

Website: _____
Username: _____
Password: _____
Notes: _____
_____
_____
_____

Website: _____
Username: _____
Password: _____
Notes: _____
_____
_____

Website: _____
Username: _____
Password: _____
Notes: _____
_____
_____

Website: _____
Username: _____
Password: _____
Notes: _____
_____
_____

Website: _____
Username: _____
Password: _____
Notes: _____
_____
_____

Website: _____

Username: _____

Password: _____

Notes: _____

_____

_____

_____

Website: _____

Username: _____

Password: _____

Notes: _____

_____

_____

_____

Website: _____

Username: _____

Password: _____

Notes: _____

_____

_____

_____

Website: _____

Username: _____

Password: _____

Notes: _____

_____

_____

_____

Website: _____
Username: _____
Password: _____
Notes: _____
_____
_____
_____

Website: _____
Username: _____
Password: _____
Notes: _____
_____
_____
_____

Website: _____
Username: _____
Password: _____
Notes: _____
_____
_____
_____

Website: _____
Username: _____
Password: _____
Notes: _____
_____
_____
_____

Website: _____
Username: _____
Password: _____
Notes: _____
_____
_____
_____

Website: _____
Username: _____
Password: _____
Notes: _____
_____
_____
_____

Website: _____
Username: _____
Password: _____
Notes: _____
_____
_____
_____

Website: _____
Username: _____
Password: _____
Notes: _____
_____
_____
_____

Website: _____
Username: _____
Password: _____
Notes: _____
_____
_____
_____

Website: _____
Username: _____
Password: _____
Notes: _____
_____
_____
_____

Website: _____
Username: _____
Password: _____
Notes: _____
_____
_____
_____

Website: _____
Username: _____
Password: _____
Notes: _____
_____
_____
_____

Website: _____

Username: _____

Password: _____

Notes: _____

_____

_____

_____

Website: _____

Username: _____

Password: _____

Notes: _____

_____

_____

_____

Website: _____

Username: _____

Password: _____

Notes: _____

_____

_____

_____

Website: _____

Username: _____

Password: _____

Notes: _____

_____

_____

_____

Website: _____

Username: _____

Password: _____

Notes: _____

_____

_____

_____

Website: _____

Username: _____

Password: _____

Notes: _____

_____

_____

_____

Website: _____

Username: _____

Password: _____

Notes: _____

_____

_____

_____

Website: _____

Username: _____

Password: _____

Notes: _____

_____

_____

_____

Website: _____
Username: _____
Password: _____
Notes: _____
_____
_____
_____

Website: _____
Username: _____
Password: _____
Notes: _____
_____
_____
_____

Website: _____
Username: _____
Password: _____
Notes: _____
_____
_____
_____

Website: _____
Username: _____
Password: _____
Notes: _____
_____
_____
_____

Website: _____
Username: _____
Password: _____
Notes: _____
_____
_____
_____

Website: _____
Username: _____
Password: _____
Notes: _____
_____
_____
_____

Website: _____
Username: _____
Password: _____
Notes: _____
_____
_____
_____

Website: _____
Username: _____
Password: _____
Notes: _____
_____
_____
_____

Website: _____
Username: _____
Password: _____
Notes: _____
_____
_____
_____

Website: _____
Username: _____
Password: _____
Notes: _____
_____
_____
_____

Website: _____
Username: _____
Password: _____
Notes: _____
_____
_____
_____

Website: _____
Username: _____
Password: _____
Notes: _____
_____
_____
_____

Website: _____
Username: _____
Password: _____
Notes: _____
_____
_____
_____

Website: _____
Username: _____
Password: _____
Notes: _____
_____
_____
_____

Website: _____
Username: _____
Password: _____
Notes: _____
_____
_____
_____

Website: _____
Username: _____
Password: _____
Notes: _____
_____
_____
_____

Website: _____
Username: _____
Password: _____
Notes: _____
_____
_____
_____

Website: _____
Username: _____
Password: _____
Notes: _____
_____
_____
_____

Website: _____
Username: _____
Password: _____
Notes: _____
_____
_____
_____

Website: _____
Username: _____
Password: _____
Notes: _____
_____
_____
_____

Website: _____
Username: _____
Password: _____
Notes: _____
_____
_____
_____

Website: _____
Username: _____
Password: _____
Notes: _____
_____
_____
_____

Website: _____
Username: _____
Password: _____
Notes: _____
_____
_____
_____

Website: _____
Username: _____
Password: _____
Notes: _____
_____
_____
_____

Website: _____
Username: _____
Password: _____
Notes: _____
_____
_____
_____

Website: _____
Username: _____
Password: _____
Notes: _____
_____
_____
_____

Website: _____
Username: _____
Password: _____
Notes: _____
_____
_____
_____

Website: _____
Username: _____
Password: _____
Notes: _____
_____
_____
_____

Website: _____
Username: _____
Password: _____
Notes: _____
_____
_____
_____

Website: _____
Username: _____
Password: _____
Notes: _____
_____
_____
_____

Website: _____
Username: _____
Password: _____
Notes: _____
_____
_____
_____

Website: _____
Username: _____
Password: _____
Notes: _____
_____
_____
_____

Website: _____
Username: _____
Password: _____
Notes: _____
_____
_____
_____

Website: _____
Username: _____
Password: _____
Notes: _____
_____
_____
_____

Website: _____
Username: _____
Password: _____
Notes: _____
_____
_____
_____

Website: _____
Username: _____
Password: _____
Notes: _____
_____
_____
_____

Website: _____

Username: _____

Password: _____

Notes: _____

_____

_____

_____

Website: _____

Username: _____

Password: _____

Notes: _____

_____

_____

_____

Website: _____

Username: _____

Password: _____

Notes: _____

_____

_____

_____

Website: _____

Username: _____

Password: _____

Notes: _____

_____

_____

_____

Website: _____
Username: _____
Password: _____
Notes: _____
_____
_____
_____

Website: _____
Username: _____
Password: _____
Notes: _____
_____
_____
_____

Website: _____
Username: _____
Password: _____
Notes: _____
_____
_____
_____

Website: _____
Username: _____
Password: _____
Notes: _____
_____
_____
_____

Website: _____

Username: _____

Password: _____

Notes: _____

_____

_____

_____

Website: _____

Username: _____

Password: _____

Notes: _____

_____

_____

_____

Website: _____

Username: _____

Password: _____

Notes: _____

_____

_____

_____

Website: _____

Username: _____

Password: _____

Notes: _____

_____

_____

_____

Website: _____

Username: _____

Password: _____

Notes: _____

_____

_____

_____

Website: _____

Username: _____

Password: _____

Notes: _____

_____

_____

_____

Website: _____

Username: _____

Password: _____

Notes: _____

_____

_____

_____

Website: _____

Username: _____

Password: _____

Notes: _____

_____

_____

_____

Website: _____
Username: _____
Password: _____
Notes: _____
_____
_____
_____

Website: _____
Username: _____
Password: _____
Notes: _____
_____
_____
_____

Website: _____
Username: _____
Password: _____
Notes: _____
_____
_____
_____

Website: _____
Username: _____
Password: _____
Notes: _____
_____
_____
_____

Website: _____
Username: _____
Password: _____
Notes: _____
_____
_____
_____

Website: _____
Username: _____
Password: _____
Notes: _____
_____
_____
_____

Website: _____
Username: _____
Password: _____
Notes: _____
_____
_____
_____

Website: _____
Username: _____
Password: _____
Notes: _____
_____
_____
_____

Website: _____
Username: _____
Password: _____
Notes: _____
_____
_____
_____

Website: _____
Username: _____
Password: _____
Notes: _____
_____
_____
_____

Website: _____
Username: _____
Password: _____
Notes: _____
_____
_____
_____

Website: _____
Username: _____
Password: _____
Notes: _____
_____
_____
_____

Website: _____

Username: _____

Password: _____

Notes: _____

_____

_____

_____

Website: _____

Username: _____

Password: _____

Notes: _____

_____

_____

_____

Website: _____

Username: _____

Password: _____

Notes: _____

_____

_____

_____

Website: _____

Username: _____

Password: _____

Notes: _____

_____

_____

_____

Website: _____

Username: _____

Password: _____

Notes: _____

_____

_____

_____

Website: _____

Username: _____

Password: _____

Notes: _____

_____

_____

_____

Website: _____

Username: _____

Password: _____

Notes: _____

_____

_____

_____

Website: _____

Username: _____

Password: _____

Notes: _____

_____

_____

_____

Website: _____
Username: _____
Password: _____
Notes: _____
_____
_____
_____

Website: _____
Username: _____
Password: _____
Notes: _____
_____
_____
_____

Website: _____
Username: _____
Password: _____
Notes: _____
_____
_____
_____

Website: _____
Username: _____
Password: _____
Notes: _____
_____
_____
_____

Website: _____
Username: _____
Password: _____
Notes: _____
_____
_____
_____

Website: _____
Username: _____
Password: _____
Notes: _____
_____
_____
_____

Website: _____
Username: _____
Password: _____
Notes: _____
_____
_____
_____

Website: _____
Username: _____
Password: _____
Notes: _____
_____
_____
_____

Website: _____
Username: _____
Password: _____
Notes: _____
_____
_____
_____

Website: _____
Username: _____
Password: _____
Notes: _____
_____
_____
_____

Website: _____
Username: _____
Password: _____
Notes: _____
_____
_____
_____

Website: _____
Username: _____
Password: _____
Notes: _____
_____
_____
_____

Website: _____
Username: _____
Password: _____
Notes: _____
_____
_____
_____

Website: _____
Username: _____
Password: _____
Notes: _____
_____
_____
_____

Website: _____
Username: _____
Password: _____
Notes: _____
_____
_____
_____

Website: _____
Username: _____
Password: _____
Notes: _____
_____
_____
_____

Website: _____
Username: _____
Password: _____
Notes: _____
_____
_____
_____

Website: _____
Username: _____
Password: _____
Notes: _____
_____
_____
_____

Website: _____
Username: _____
Password: _____
Notes: _____
_____
_____
_____

Website: _____
Username: _____
Password: _____
Notes: _____
_____
_____
_____

Website: _____

Username: _____

Password: _____

Notes: _____

_____

_____

_____

Website: _____

Username: _____

Password: _____

Notes: _____

_____

_____

_____

Website: _____

Username: _____

Password: _____

Notes: _____

_____

_____

_____

Website: _____

Username: _____

Password: _____

Notes: _____

_____

_____

_____

Website: _____
Username: _____
Password: _____
Notes: _____
_____
_____
_____

Website: _____
Username: _____
Password: _____
Notes: _____
_____
_____
_____

Website: _____
Username: _____
Password: _____
Notes: _____
_____
_____
_____

Website: _____
Username: _____
Password: _____
Notes: _____
_____
_____
_____

Website: _____
Username: _____
Password: _____
Notes: _____
_____
_____
_____

Website: _____
Username: _____
Password: _____
Notes: _____
_____
_____
_____

Website: _____
Username: _____
Password: _____
Notes: _____
_____
_____
_____

Website: _____
Username: _____
Password: _____
Notes: _____
_____
_____
_____

Website: _____
Username: _____
Password: _____
Notes: _____
_____
_____
_____

Website: _____
Username: _____
Password: _____
Notes: _____
_____
_____
_____

Website: _____
Username: _____
Password: _____
Notes: _____
_____
_____
_____

Website: _____
Username: _____
Password: _____
Notes: _____
_____
_____
_____

Website: _____
Username: _____
Password: _____
Notes: _____
_____
_____
_____

Website: _____
Username: _____
Password: _____
Notes: _____
_____
_____
_____

Website: _____
Username: _____
Password: _____
Notes: _____
_____
_____
_____

Website: _____
Username: _____
Password: _____
Notes: _____
_____
_____
_____

Website: _____
Username: _____
Password: _____
Notes: _____
_____
_____
_____

Website: _____
Username: _____
Password: _____
Notes: _____
_____
_____
_____

Website: _____
Username: _____
Password: _____
Notes: _____
_____
_____
_____

Website: _____
Username: _____
Password: _____
Notes: _____
_____
_____

Website: _____
Username: _____
Password: _____
Notes: _____
_____
_____
_____

Website: _____
Username: _____
Password: _____
Notes: _____
_____
_____
_____

Website: _____
Username: _____
Password: _____
Notes: _____
_____
_____
_____

Website: _____
Username: _____
Password: _____
Notes: _____
_____
_____
_____

Website: _____
Username: _____
Password: _____
Notes: _____
_____
_____
_____

Website: _____
Username: _____
Password: _____
Notes: _____
_____
_____
_____

Website: _____
Username: _____
Password: _____
Notes: _____
_____
_____
_____

Website: _____
Username: _____
Password: _____
Notes: _____
_____
_____
_____

Website: _____
Username: _____
Password: _____
Notes: _____
_____
_____
_____

Website: _____
Username: _____
Password: _____
Notes: _____
_____
_____
_____

Website: _____
Username: _____
Password: _____
Notes: _____
_____
_____
_____

Website: _____
Username: _____
Password: _____
Notes: _____
_____
_____

Website: _____
Username: _____
Password: _____
Notes: _____
_____
_____
_____

Website: _____
Username: _____
Password: _____
Notes: _____
_____
_____
_____

Website: _____
Username: _____
Password: _____
Notes: _____
_____
_____
_____

Website: _____
Username: _____
Password: _____
Notes: _____
_____
_____
_____

Website: _____
Username: _____
Password: _____
Notes: _____
_____
_____
_____

Website: _____
Username: _____
Password: _____
Notes: _____
_____
_____
_____

Website: _____
Username: _____
Password: _____
Notes: _____
_____
_____
_____

Website: _____
Username: _____
Password: _____
Notes: _____
_____
_____
_____

Website: _____
Username: _____
Password: _____
Notes: _____
_____
_____
_____

Website: _____
Username: _____
Password: _____
Notes: _____
_____
_____
_____

Website: _____
Username: _____
Password: _____
Notes: _____
_____
_____
_____

Website: _____
Username: _____
Password: _____
Notes: _____
_____
_____
_____

Website: _____

Username: _____

Password: _____

Notes: _____

_____

_____

_____

Website: _____

Username: _____

Password: _____

Notes: _____

_____

_____

_____

Website: _____

Username: _____

Password: _____

Notes: _____

_____

_____

_____

Website: _____

Username: _____

Password: _____

Notes: _____

_____

_____

_____

Website: _____
Username: _____
Password: _____
Notes: _____
_____
_____
_____

Website: _____
Username: _____
Password: _____
Notes: _____
_____
_____
_____

Website: _____
Username: _____
Password: _____
Notes: _____
_____
_____
_____

Website: _____
Username: _____
Password: _____
Notes: _____
_____
_____

Website: _____
Username: _____
Password: _____
Notes: _____
_____
_____
_____

Website: _____
Username: _____
Password: _____
Notes: _____
_____
_____
_____

Website: _____
Username: _____
Password: _____
Notes: _____
_____
_____
_____

Website: _____
Username: _____
Password: _____
Notes: _____
_____
_____
_____

Website: _____
Username: _____
Password: _____
Notes: _____
_____
_____

Website: _____
Username: _____
Password: _____
Notes: _____
_____
_____

Website: _____
Username: _____
Password: _____
Notes: _____
_____
_____

Website: _____
Username: _____
Password: _____
Notes: _____
_____
_____

Website: _____
Username: _____
Password: _____
Notes: _____
_____
_____
_____

Website: _____
Username: _____
Password: _____
Notes: _____
_____
_____
_____

Website: _____
Username: _____
Password: _____
Notes: _____
_____
_____
_____

Website: _____
Username: _____
Password: _____
Notes: _____
_____
_____
_____

Website: _____
Username: _____
Password: _____
Notes: _____
_____
_____

Website: _____
Username: _____
Password: _____
Notes: _____
_____
_____

Website: _____
Username: _____
Password: _____
Notes: _____
_____
_____

Website: _____
Username: _____
Password: _____
Notes: _____
_____
_____

Website: _____
Username: _____
Password: _____
Notes: _____
_____
_____
_____

Website: _____
Username: _____
Password: _____
Notes: _____
_____
_____
_____

Website: _____
Username: _____
Password: _____
Notes: _____
_____
_____
_____

Website: _____
Username: _____
Password: _____
Notes: _____
_____
_____
_____

Website: _____
Username: _____
Password: _____
Notes: _____
_____
_____
_____

Website: _____
Username: _____
Password: _____
Notes: _____
_____
_____
_____

Website: _____
Username: _____
Password: _____
Notes: _____
_____
_____
_____

Website: _____
Username: _____
Password: _____
Notes: _____
_____
_____
_____

Website: _____
Username: _____
Password: _____
Notes: _____
_____
_____
_____

Website: _____
Username: _____
Password: _____
Notes: _____
_____
_____
_____

Website: _____
Username: _____
Password: _____
Notes: _____
_____
_____
_____

Website: _____
Username: _____
Password: _____
Notes: _____
_____
_____
_____

Website: _____
Username: _____
Password: _____
Notes: _____
_____
_____
_____

Website: _____
Username: _____
Password: _____
Notes: _____
_____
_____
_____

Website: _____
Username: _____
Password: _____
Notes: _____
_____
_____
_____

Website: _____
Username: _____
Password: _____
Notes: _____
_____
_____

Website: _____

Username: _____

Password: _____

Notes: _____

_____

_____

_____

Website: _____

Username: _____

Password: _____

Notes: _____

_____

_____

_____

Website: _____

Username: _____

Password: _____

Notes: _____

_____

_____

_____

Website: _____

Username: _____

Password: _____

Notes: _____

_____

_____

Website: _____
Username: _____
Password: _____
Notes: _____
_____
_____

Website: _____
Username: _____
Password: _____
Notes: _____
_____
_____

Website: _____
Username: _____
Password: _____
Notes: _____
_____
_____

Website: _____
Username: _____
Password: _____
Notes: _____
_____
_____

Website: _____

Username: _____

Password: _____

Notes: _____

_____

_____

_____

Website: _____

Username: _____

Password: _____

Notes: _____

_____

_____

_____

Website: _____

Username: _____

Password: _____

Notes: _____

_____

_____

_____

Website: _____

Username: _____

Password: _____

Notes: _____

_____

_____

_____

Website: _____
Username: _____
Password: _____
Notes: _____
_____
_____
_____

Website: _____
Username: _____
Password: _____
Notes: _____
_____
_____
_____

Website: _____
Username: _____
Password: _____
Notes: _____
_____
_____
_____

Website: _____
Username: _____
Password: _____
Notes: _____
_____
_____
_____

Website: _____
Username: _____
Password: _____
Notes: _____
_____
_____
_____

Website: _____
Username: _____
Password: _____
Notes: _____
_____
_____
_____

Website: _____
Username: _____
Password: _____
Notes: _____
_____
_____
_____

Website: _____
Username: _____
Password: _____
Notes: _____
_____
_____
_____

Website: _____
Username: _____
Password: _____
Notes: _____
_____
_____
_____

Website: _____
Username: _____
Password: _____
Notes: _____
_____
_____
_____

Website: _____
Username: _____
Password: _____
Notes: _____
_____
_____
_____

Website: _____
Username: _____
Password: _____
Notes: _____
_____
_____
_____

Website: _____
Username: _____
Password: _____
Notes: _____
_____
_____
_____

Website: _____
Username: _____
Password: _____
Notes: _____
_____
_____
_____

Website: _____
Username: _____
Password: _____
Notes: _____
_____
_____
_____

Website: _____
Username: _____
Password: _____
Notes: _____
_____
_____

Website: _____
Username: _____
Password: _____
Notes: _____
_____
_____
_____

Website: _____
Username: _____
Password: _____
Notes: _____
_____
_____
_____

Website: _____
Username: _____
Password: _____
Notes: _____
_____
_____
_____

Website: _____
Username: _____
Password: _____
Notes: _____
_____
_____
_____

Website: _____
Username: _____
Password: _____
Notes: _____
_____
_____
_____

Website: _____
Username: _____
Password: _____
Notes: _____
_____
_____
_____

Website: _____
Username: _____
Password: _____
Notes: _____
_____
_____
_____

Website: _____
Username: _____
Password: _____
Notes: _____
_____
_____
_____

Website: _____
Username: _____
Password: _____
Notes: _____
_____
_____
_____

Website: _____
Username: _____
Password: _____
Notes: _____
_____
_____
_____

Website: _____
Username: _____
Password: _____
Notes: _____
_____
_____
_____

Website: _____
Username: _____
Password: _____
Notes: _____
_____
_____
_____

Website: _____
Username: _____
Password: _____
Notes: _____
_____
_____
_____

Website: _____
Username: _____
Password: _____
Notes: _____
_____
_____
_____

Website: _____
Username: _____
Password: _____
Notes: _____
_____
_____
_____

Website: _____
Username: _____
Password: _____
Notes: _____
_____
_____
_____

Website: _____
Username: _____
Password: _____
Notes: _____
_____
_____

Website: _____
Username: _____
Password: _____
Notes: _____
_____
_____

Website: _____
Username: _____
Password: _____
Notes: _____
_____
_____

Website: _____
Username: _____
Password: _____
Notes: _____
_____
_____

Website: _____

Username: _____

Password: _____

Notes: _____

_____

_____

_____

Website: _____

Username: _____

Password: _____

Notes: _____

_____

_____

_____

Website: _____

Username: _____

Password: _____

Notes: _____

_____

_____

_____

Website: _____

Username: _____

Password: _____

Notes: _____

_____

_____

_____

Website: _____
Username: _____
Password: _____
Notes: _____
_____
_____
_____

Website: _____
Username: _____
Password: _____
Notes: _____
_____
_____
_____

Website: _____
Username: _____
Password: _____
Notes: _____
_____
_____
_____

Website: _____
Username: _____
Password: _____
Notes: _____
_____
_____
_____

Website: _____
Username: _____
Password: _____
Notes: _____
_____
_____
_____

Website: _____
Username: _____
Password: _____
Notes: _____
_____
_____
_____

Website: _____
Username: _____
Password: _____
Notes: _____
_____
_____
_____

Website: _____
Username: _____
Password: _____
Notes: _____
_____
_____
_____

Website: _____
Username: _____
Password: _____
Notes: _____
_____
_____
_____

Website: _____
Username: _____
Password: _____
Notes: _____
_____
_____
_____

Website: _____
Username: _____
Password: _____
Notes: _____
_____
_____
_____

Website: _____
Username: _____
Password: _____
Notes: _____
_____
_____
_____

Website: _____
Username: _____
Password: _____
Notes: _____
_____
_____
_____

Website: _____
Username: _____
Password: _____
Notes: _____
_____
_____
_____

Website: _____
Username: _____
Password: _____
Notes: _____
_____
_____
_____

Website: _____
Username: _____
Password: _____
Notes: _____
_____
_____

Website: _____
Username: _____
Password: _____
Notes: _____
_____
_____
_____

Website: _____
Username: _____
Password: _____
Notes: _____
_____
_____
_____

Website: _____
Username: _____
Password: _____
Notes: _____
_____
_____
_____

Website: _____
Username: _____
Password: _____
Notes: _____
_____
_____
_____

Website: _____

Username: _____

Password: _____

Notes: _____

_____

_____

_____

Website: _____

Username: _____

Password: _____

Notes: _____

_____

_____

_____

Website: _____

Username: _____

Password: _____

Notes: _____

_____

_____

_____

Website: _____

Username: _____

Password: _____

Notes: _____

_____

_____

_____

Website: _____
Username: _____
Password: _____
Notes: _____
_____
_____
_____

Website: _____
Username: _____
Password: _____
Notes: _____
_____
_____
_____

Website: _____
Username: _____
Password: _____
Notes: _____
_____
_____
_____

Website: _____
Username: _____
Password: _____
Notes: _____
_____
_____
_____

Website: _____
Username: _____
Password: _____
Notes: _____
_____
_____
_____

Website: _____
Username: _____
Password: _____
Notes: _____
_____
_____
_____

Website: _____
Username: _____
Password: _____
Notes: _____
_____
_____
_____

Website: _____
Username: _____
Password: _____
Notes: _____
_____
_____
_____

Website: _____
Username: _____
Password: _____
Notes: _____
_____
_____
_____

Website: _____
Username: _____
Password: _____
Notes: _____
_____
_____
_____

Website: _____
Username: _____
Password: _____
Notes: _____
_____
_____
_____

Website: _____
Username: _____
Password: _____
Notes: _____
_____
_____
_____

Website: _____
Username: _____
Password: _____
Notes: _____
_____
_____
_____

Website: _____
Username: _____
Password: _____
Notes: _____
_____
_____
_____

Website: _____
Username: _____
Password: _____
Notes: _____
_____
_____
_____

Website: _____
Username: _____
Password: _____
Notes: _____
_____
_____
_____

www.ingramcontent.com/pod-product-compliance
Lightning Source LLC
Chambersburg PA
CBHW031224050326
40689CB00009B/1459